大唐西域記卷第十二　　損十

唐三藏法師玄奘奉詔譯

大總持寺沙門辯機撰

二十二國

漕矩吒國　弗栗恃薩儻那國

安呾羅縛國　闊悉多國

活國　瞢健國

阿利尼國　曷邏胡國

訖栗瑟摩國　鉢利曷國

呬摩呾羅國　鉢鐸創那國

大唐西域記卷第十二　孰十

唐三藏法師玄奘奉詔譯

大總持寺沙門辯機撰

二十二國

漕矩吒國　弗栗恃薩儻那國

安呾羅縛國　闊悉多國

活國　瞢健國

阿利尼國　曷邏胡國

訖栗瑟摩國　鉢利曷國

呬摩呾羅國　鉢鐸創那國

淫薄健國　屈浪拏國

達摩悉鐵帝國　尸棄尼國

商彌國　朅盤陀國

烏鎩國　佉沙國

斫句迦國　瞿薩旦那國

漕矩吒國周七千餘里國大都城號鶴悉那周三十餘里或都鶴薩羅城周三十餘里並堅峻險固也山川邊嶙疇壟壤塏穀稼時播宿麥滋豐草木扶疎華果茂盛宜鬱金香出興瞿草草生羅摩印度川鶴薩羅城中涌泉

音釋

屈 居勿切
鐝 所八切
𥟎 士于切
堧塏 堧所兩切 塏可亥切 堧塏土地高明也
覬覦 覬羈致切 覦庚俱切 覬覦希望也
突厥 突陀骨切 厥九勿切 突厥北夷國號
培塿 培薄口切 塿力狗切 培塿小阜也
氊毼 氊之延切 毼胡割切 罽也
毳 充芮切 細毛也
邐迤 邐輦爾切 迤養里切 邐迤連接也
蛟螭 蛟古肴切 螭丑支切 蛟螭無角龍也
鷫鳵 鷫音宿 鳵布老切 並鳥名
鷖 於兮切 黑也
龍嵸 龍盧紅切 嵸子紅切 龍嵸山峭峻貌
隒 魚檢切 重巘也
崢嶸 崢仕耕切 嶸户萌切 崢嶸山峻貌
浚瀨 浚思閏切 深也 瀨力大切 疾流也
絁 書之切 繒似帛也
䬋 里凝里證二切
蜎 于貴切 蟲名
鏈 音蓮 縺縷也
蠶 昨含切
飤 夕恣切 與飼同
摛 抽知切 舒

塵黷聖鑒詎稱天規然則冐遠窮遐實資朝
化懷奇纂異誠賴皇靈逐日八荒匪專夸父
之力鑿空千里徒聞博望之功鷲山徙於中
州鹿苑掩於外囿想千載如目擊覽萬里若
躬遊夐古之所不聞前載之所未記至德焘
覆殊俗來王淳風遐扇幽荒無外庶斯地志
補闕山經頒左史之書事備職方之遍舉

大唐西域記卷第十二

隨其痛處金薄貼像即時痊復虛心請願多亦遂求聞之土俗曰此像昔佛在世憍賞彌國鄔陀衍那王所作也佛去世後自彼凌空至此國北曷勞落迦城中初此城人安樂富饒深著邪見而不珍敬傳其自來神而不貴

路槃紆疆埸迴互行次即書不在編比故諸印度無分境壤散書國末畧指封域書行者親遊踐也舉至者傳聞記也或直書其事或曲暢其文優而柔之推而述之務從實録進誠皇極二十年秋七月絶筆殺青文成油素

懸之處今仍有鼓池側伽藍荒圮無僧
王城東三百餘里大荒澤中數十頃地絕無
蘖草其土赤黑聞諸耆舊曰敗軍之地也昔
者東國軍師百萬西伐此時瞿薩旦那王亦
整齊戎馬數十萬衆東禦強敵至於此地兩
孰十
二五
軍相遇因即合戰西兵失利乘勝殘殺虜其
王殺其將誅戮士卒無復孑遺流血染地其
迹斯在
戰地東行三十餘里至媲摩城有彫檀立佛
像高二丈餘甚多靈應時燭光明凡有疾病

曰渝乎斯言讜矣昔孔子在位聽訟文辭有與人共者弗獨有也至於修春秋筆則筆削則削游夏之徒孔門文學嘗不能讚一辭焉法師之譯經亦猶是也非如童壽逍遥之集文任生肇融叡之筆削況乎园方爲圓之世斵彫從朴之時其可增損聖旨綺藻經文者歟辯機遠承輕舉之胤少懷高蹈之節年方志學抽簪革服爲大總持寺薩婆多部道岳法師弟子雖遇匠石朽木難彫幸入法流脂膏不潤徒飽食而終日誠面墻而卒歲幸藉

韻循環或一言貫多義或一義綜多言聲有
抑揚調裁清濁梵文深致譯寄明人經旨沖
玄義資盛德若其裁以筆削調以宮商實所
未安誠非讜論傳經深旨務從易曉苟不違
本斯則為善文過則艷質甚則野讜而不文
塾十 三十二
辯而不質則可無大過矣始可與言譯也李
老曰美言者則不信信言者則不美韓子曰
理正者直其言言飾者昧其理是知垂訓範
物義本玄同庶袪蒙滯將存利喜違本從文
所害滋甚率由舊章法王之至誠也縉素僉

雋郊踰葱嶺之危隥越沙磧之險路十九年
春正月達于京邑謁帝雒陽肅承明詔載令
宣譯爰召學人共成勝業法雲再陰慧日重
明黄圖流鷲山之化赤縣演龍宮之教像運
之興斯爲盛矣法師妙窮梵學式讚深經覽
文如已轉音猶響敬順聖旨不加文飾方言
不通梵語無譯務存陶冶取正典謨推而考
之恐乖實矣有搢紳先生動色相趍儼然而
進曰夫印度之爲國也靈聖之所降集賢懿
之所挺生書稱天書語爲天語文辭婉密音

像刻檀佛像一軀通光座高尺有三寸擬吠
舍釐國巡城行化像大乘經二百二十四部
大乘論一百九十二部上座部經律論一十
四部大衆部經律論一十五部三彌底部經
律論一十五部彌沙塞部經律論二十二部
迦葉臂耶部經律論一十七部法密部經律
論四十二部說一切有部經律論六十七部
因論三十六部聲論一十三部凡五百二十
夾總六百五十七部將弘至敎越踐畏途薄
言旋軔載馳歸駕出舍衛之故國背伽耶之

勅十

三十

請得如來肉舍利一百五十粒金佛像一軀
通光座高尺有六寸擬摩揭陀國前正覺山
龍窟影像金佛像一軀通光座高三尺三寸
擬婆羅痆斯國鹿野苑初轉法輪像刻檀佛
像一軀通光座高尺有五寸擬憍賞彌國出
愛王思慕如來刻檀佛像一軀通光座高二
尺九寸擬劫比他國如來自天宮降履寶階
像銀佛像一軀通光座高四尺擬摩揭陀國
鷲峰山説法華等經像金佛像一軀通光座
高三尺五寸擬那揭羅曷國伏毒龍所留影

若三輪奥義三請微言深究源流妙窮枝葉
煥然慧悟怡然理順質疑之義詳諸別録既
而精義通玄清風載扇學已博矣德已盛矣
於是乎歷覽山川徘徊郊邑出茅城而入鹿
苑遊杖林而憩鷄園迴眺迦維之國流目拘
熟十 三十
尸之城降生故基與川原而膴膴潛靈舊址
對郊阜而茫茫覽神迹而增懷仰玄風而永
歎匪唯麥秀悲殷黍離愍周而已是用詳釋
迦之故事舉印度之茂實頗採風壤存記異
説歲月遄邁寒暑屢遷有懷樂土無忘返迹

而孤遊出鐵門石門之阨踰凌山雪山之險
驟移灰管達于印度宣國風於殊俗喻大化
於異域親承梵學詢謀哲人宿疑則覽文明
發奧旨則博問高才啓靈府而究理廓神衷
而體道聞所未聞得所未得爲道場之益友
誠法門之匠人者也是知道風昭著德行高
明學蘊三冬聲馳萬里印度學人咸仰盛德
既曰經笥亦稱法將小乘學徒號木叉提婆
（此言解脫天）大乘法衆號摩訶耶那提婆（此言大乘天）
斯乃高其德而傳徽號敬其人而議嘉名至

嫣川體上德之禎祥緼中和之淳粹履道合德居貞葺行福樹曩因命偶昌運拔迹俗塵閑居學肆奉先師之雅訓仰前哲之令德負笈從學遊方請業周流燕趙之地歷覽魯衛之邦背三河而入秦中步三蜀而抵吳會達學髦彥遍効請益之勤冠世英賢屢申求法之志側聞餘論考厥衆謀競黨專門之義俱嫉異道之學情發討源志存詳考屬四海之有截會八表之無虞以貞觀三年仲秋朔旦褰裳遵路杖錫遐征資皇化而問道乘冥祐

以前修令德繼軌譯經之學後進英彦踵武
鈌簡之文大義鬱而未彰微言闕而無問法
教流漸多歷年數始自炎漢迄于聖代傳譯
盛業流美聯暉玄道未攄真宗猶昧匪聖教
之行藏固王化之由致我大唐臨訓天下作
孚海外考聖人之遺則正先王之舊典闡茲
像教鬱爲大訓道不虛行弘在明德遂使三
乘奥義鬱於千載之下十力遺靈閟於萬里
之外神道無方聖教有寄待緣斯顯其言信
矣夫玄奘法師者疏清流於雷澤派洪源於

所鼓扇載驅壽域聖賢之業盛矣天人之義
備矣然後息動寂於堅固之林遺去來於幻
化之境莫繼乎有待匪遂乎無物尊者迦葉
妙選應真將報佛恩集斯法寶四含總其源
流三藏括其樞要雖部帙茲興而大寶斯在

孰十　二十八

粵自降生洎乎潛化聖迹千變神瑞萬殊不
盡之靈逾顯無為之教彌新備存經誥詳著
記傳然尚羣言紛糺異議舛馳原始要終罕
能正說此指事之實録尚衆論之若斯況正
法幽玄至理沖邈研覈奧旨文多闕焉知是

記賛曰大矣哉法王之應世也靈化潛運神道虛通盡形識於沙界絶起謝於塵劫形識雖盡應生而不生起謝雖絶示寂滅而無滅豈實迦維降神娑羅潛化而已固知應物効靈感緣垂迹嗣種剎利紹胤釋迦繼域中之尊擅方外之道於是捨金輪而臨制法界擒玉毫而光撫含生道洽十方智周萬物雖出希夷之外將庇視聽之中三轉法輪於大千一音振辯於羣有八萬門之區別十二部之

[illegible]是以[illegible]之所霑被馳鶩福林風[illegible]之

亡蓋鬼魅之所致也行四百餘里至覩貨邏
故國國久空曠城皆荒蕪從此東行六百餘
里至折摩馱那故國即涅末地也城郭巋然
人煙斷絶復此東北行千餘里至納縛波故
國即樓蘭地也推表山川考採境壤詳國俗
孰十
二十七
之剛柔繫水土之風氣動靜無常取捨不同
事難窮驗非可仰說隨所遊至略書梗槩舉
其聞見記諸慕化斯固日入已來咸沐惠澤
風行所及皆仰至德混同天下一之宇內豈
徒單車出使通驛萬里者哉

適至其側猛風暴發煙雲四合道路迷失如
摩川東入沙磧行二百餘里至尼壤城周三
四里在大澤中澤地熱濕難以履涉蘆草荒
茂無復途徑唯趣城路僅得通行故往來者
莫不由此城焉而瞿薩旦那以爲東境之關
防也從此東行入大流沙沙則流漫聚散隨
風人行無迹遂多迷路四遠茫茫莫知所指
是以往來者聚遺骸以記之乏水草多熱風
風起則人畜惛迷因以成病時聞歌嘯或聞
號哭視聽之間怳然不知所至由此屢有喪

滿此城略無遺類爾宜知之早圖出計猶其
坌我獲斯殃耳語已便去忽然不見其人入
城具告親故或有聞者莫不嗤笑至第二日
大風忽發吹去穢壤雨雜寶滿衢路人更詈
所告者此人心知必然竊開孔道出城外而
埶十 二十六
穴之第七日夜宵分之後雨沙土滿城中其
人從孔道出東趣此國止媲摩城其人纔至
其像亦來即此供養不敢遷移聞諸先記曰
釋迦法盡像入龍宮今曷勞落迦城爲大堆
阜諸國君王異方豪右多欲發掘取其寶物

隨其痛處金薄貼像即時痊復虛心請願多
亦遂求聞之土俗曰此像昔佛在世憍賞彌
國鄔陀衍那王所作也佛去世後自彼凌空
至此國北曷勞落迦城中初此城人安樂富
饒深著邪見而不珍敬傳其自來神而不貴
後有羅漢禮拜此像國人驚駭異其容服馳
以白王王乃下令宜以沙土坌此異人時阿
羅漢身蒙沙土餬口絕糧時有一人心甚不
忍昔常恭敬尊禮此像及見羅漢密以饌之
羅漢將去謂其人曰從後七日當雨沙土填

隨其痛處金薄貼像即時痊復虛心請願多
亦遂求聞之土俗曰此像昔佛在世憍賞彌
國鄔陀衍那王所作也佛去世後自彼凌空
至此國北曷勞落迦城中初此城人安樂富
饒深著邪見而不珍敬傳其自來神而不貴

懸之處今仍有鼓池側伽藍荒圮無僧
王城東三百餘里大荒澤中數十頃地絕無
蘖草其土赤黑聞諸耆舊曰敗軍之地也昔
者東國軍師百萬西伐此時瞿薩旦那王亦
整齊戎馬數十萬衆東禦强敵至於此地兩
軍相遇因即合戰西兵失利乘勝殘殺虜其
數十　二五
王殺其將誅戮士卒無復孑遺流血染地其
迹斯在
戰地東行三十餘里至媲摩城有彫檀立佛
像高二丈餘甚多靈應時燭光明凡有疾病

萬姓何恪一臣臣者國之佐人者國之本願大王不再思也幸爲修福建僧伽藍王允所求功成不日其臣又請早入龍宫於是舉國僚庶鼓樂飲餞其臣乃衣素服乘白馬與王辭訣敬謝國人驅馬入河履水不溺濟乎中流麾鞭畫水水爲中開自兹没矣頃之白馬浮出負一栴檀大鼓封一函書其書大略曰大王不遺細微謬參神選願多營福益國滋臣以此大鼓懸城東南若有寇至鼓先聲震河水遂流至今利用歲月浸遠龍鼓久無舊

河水遂流至今利用為民灌溉人與書
臣以此大鼓懸城東南若有寇至鼓聲響
大王不遺細微參參神跡瀕乃當路益國源
源生自一轉大鼓村一曲書其書大略曰
流東龍藏書水水鳥中開自成沒文所乃白馬
鑄其說鑄圖人臨馬人河源水不滿齊中
條無鼓樂飲食其臣乃不素服東向遠與王
東功存不日出臣又請早入龍宮於是東國
大王不再回其事已倍福來作名諸王乃所
滿姓何洛一臣田若國之大臣人若國之本願

重也羅漢曰大王治國政化清和河水斷流龍所爲耳宜速祠求當復昔利王因迴駕祠癸河龍忽有一女凌波而至曰我夫早喪主命無從所以河水絶流農人失利王於國内選一貴臣配我爲夫水流如昔王曰敬聞任所欲耳龍遂目悅國之大臣王既迴駕謂羣下曰大臣者國之重鎮農務者人之命食國失鎮則危人絶食則死危死之事何所宜行大臣越席跪而對曰久已虛薄謬當重任常思報國未遇其時今而預選敢塞深青苟利

植其桑蠶月既臨復事採養初至也尚以雜葉飼之自時厥後桑樹連蔭王妃乃刻石爲制不令傷殺蠶蛾飛盡乃得治繭敢有犯違明神不祐遂爲先蠶建此伽藍數株枯桑云是本種之樹也故今此國有蠶不殺竊有取

絲者來年輒不宜蠶

城東南百餘里有大河西北流國人利之以用溉田其後斷流王深怪異於是命駕問羅漢僧曰大河之水國人取給今忽斷流其咎安在爲政有不平德有不洽乎不然垂譴何

妃所立也昔者此國未知桑蠶聞東國有也命使以求時東國君祕而不賜嚴勅關防無令桑蠶種出也瞿薩旦那王乃卑辭下禮求婚東國國君有懷遠之志遂允其請瞿薩旦那王命使迎婦而誡曰爾致辭東國君女我國素無絲綿桑蠶之種可以持來自為裳服女聞其言密求其種以桑蠶之子置帽絮中既至關防主者遍索唯王女帽不敢以檢遂入瞿薩旦那國止鹿射伽藍故地方備儀禮奉迎入宮以桑蠶種留於此地陽春告始乃

遂坎地安函其功斯畢於是下窣堵波無所傾損觀覩之徒歎未曾有信佛之心彌篤敬法之志斯堅王謂羣官曰我嘗聞佛力難思神通難究或分身百億或應迹人天舉世界於掌內衆生無動靜之想演法性於常音衆生有隨類之悟斯則神力不共智慧絶言其靈已隱其教猶傳餐和飲澤味道欽風尚獲斯靈深賴其福勉哉凡百宜深崇敬佛法幽深於是明矣

王城東南五六里有鹿射僧伽藍此國先王

所在幽林藪澤情之所賞高堂邃宇非我攸
聞王益敬仰深加宗重爲建伽藍起窣堵波
沙門受請遂止其中頃之王感獲舍利數百
粒甚慶悅竊自念曰舍利來應何其晚歟早
得置之窣堵波下豈非勝迹尋詣伽藍具白

沙門羅漢曰王無憂也今爲置之宜以金銀
銅鐵大石函等以次周盛王命匠人不日功
畢載諸寶輿送至伽藍是時也王宮導從庶
僚凡百觀送舍利者動以萬計羅漢乃以右
手舉窣堵波置諸掌中謂王曰可以藏下也

乘而趍拜以致敬祭以祈福或衣服弓矢或
香華肴膳亦既輸誠多蒙福利若無享祭則
逢災變

王城西五六里有娑摩若僧伽藍中有窣堵
波高百餘尺甚多靈瑞時燭神光昔有羅漢

自遠方來止此林中以神通力放大光明時
王夜在重閣遥見林中光明照曜於是歷問
僉曰有一沙門自遠而至宴坐林中示現神
通王遂命駕躬往觀察既覩明賢心乃祗敬
欽風不已請至中宮沙門曰物有所宜志有

設祭焚香請鼠冀其有靈少加軍力其夜瞿薩旦那王夢見大鼠曰敬欲相助願早治兵旦日合戰必當克勝瞿薩旦那王知有靈祐遂整戎馬甲令將士未明而行長驅掩襲匈奴之聞也莫不懼焉方欲駕乘被鎧而諸馬鞍人服弓弦甲縺凡厥帶系鼠皆齧斷兵寇既臨面縛受戮於是殺其將虜其兵匈奴震慴以爲神靈所祐也瞿薩旦那王感鼠厚恩建祠設祭奕世遵敬特深珍異故上自君王下至黎庶咸修禮祭以求福祐行次其穴下

養佛像隨軍禮請像至此地不可轉移環建
伽藍式招僧侶捨寶冠置像頂今所冠者即
先王所施也

王城西百五六十里大沙磧正路中有堆阜
竝鼠壤墳也聞之土俗曰此沙磧中鼠大如
蝟其毛則金銀異色爲其羣之酋長每出穴
遊止則羣鼠爲從昔者匈奴率數十萬衆寇
掠邊城至鼠墳側屯軍時瞿薩旦那王率數
萬兵恐力不敵素知磧中鼠奇而未神也洎
乎寇至無所求救君臣震恐莫知圖計苟復

移至此昔有羅漢其沙彌弟子臨命終時求
酢米餅羅漢以天眼觀見瞿薩旦那國有此
味焉運神通力至此求獲沙彌暨已願生其
國果遂宿心得爲王子既嗣位已威攝遐邇
遂踰雪山伐迦濕彌羅國迦濕彌羅國王整
孰十 二十
集戎馬欲禦邊寇時阿羅漢諫王勿鬭兵也
我能退之尋爲瞿薩旦那王說諸法要王初
未信尚欲興兵羅漢遂取此王先身沙彌時
衣而以示之王既見衣得宿命智與迦濕彌
羅王謝咎交歡釋兵而返奉迎沙彌時所供

塞門徑國王興兵欲除崩石即黑蜂羣飛毒
螫人衆以故至今石門不開
王城西南十餘里有地迦婆縛那伽藍中有
夾紵立佛像本從屈支國而來至止昔此國
中有臣被譴寓居屈支恒禮此像後蒙還國
傾心遥敬夜分之後像忽自至其人捨宅建
此伽藍
王城西行三百餘里至勃伽夷城中有佛坐
像高七尺餘相好允備威肅嶷然首戴寶冠
光明時照聞諸土俗曰本在迦濕彌羅國請

羅漢曰伽藍已成佛在何所羅漢曰王當至
誠聖鑒不遠王遂禮請忽見空中佛像下降
授王揵椎因即誠信弘揚佛教
王城西南二十餘里有瞿室餕伽山此言牛角山
峯兩起巖隒四絶於崖谷間建一伽藍其中
佛像時燭光明昔如來曾至此處爲諸天人
略說法要懸記此地當建國土敬崇遺法遵
習大乘
牛角山巖有大石室中有阿羅漢入滅心定
待慈氏佛數百年間供養無替近者崖崩掩

王遂躬往觀其容止曰爾何人乎獨在幽林
羅漢曰我如來弟子閑居習定王宜樹福弘
讚佛教建伽藍召僧衆王曰如來者有何德
有何神而汝鳥棲勤苦奉教曰如來慈愍四
生誘導三界或顯或隱示生示滅遵其法者
出離生死迷其教者羈纏愛網王曰誠如所
說事高言議既云大聖爲我現形既得瞻仰
當爲建立罄心歸信弘揚教法羅漢曰王建
伽藍功成感應王苟從其請建僧伽藍遠近
咸集法會稱慶而未有揵椎扣擊召集王謂

駕國人稱慶既不飲乳恐其不壽尋詣神祠重請育養神前之地忽然隆起其狀如乳神童飲吮遂至成立智勇光前風教遐被遂營神祠宗先祖也自茲已降奕世相承傳國君臨不失其緒故今神廟多諸珍寶拜祠享祭無替於時地乳所育因爲國號

王城南十餘里有大伽藍此國先王爲毗盧折那（此言遍照）阿羅漢建也昔者此國佛法未被而阿羅漢自迦濕彌羅國至此林中宴坐習定時有見者駭其容服具以其狀上白於王

不利因丙丞北遂斬其首東主乘勝撫集七
國遷都中地方建城郭憂其無土恐難成功
宣告遠近誰識地理時有塗灰外道負大瓠
盛滿水自丙進曰我知地理遂以其水屈曲
遺流周丙復始因即疾驅忽丙不見依彼水
迹峙其基堵遂得興功即斯國治今王所都
於此也城非崇峻攻擊難克自古已來未能
有勝其王遷都作邑建國安人功績已成齒
耋云暮未有胤嗣恐絶宗緒乃往毗沙門天
神所祈禱請嗣神像額上剖出嬰孩捧以迴

遺流周而復始因即衆靈而西不見各旋水
盛漲水自西進曰我知地理從以其水屈曲
宣告遠近讀識地理時有塗底升道負大德
國邏都中地方連城郭高與其無土以難右功
不利因而逐北遂斬其首東主乘勝撫綏亡

毗沙門天於此棲止無憂王太子在呾叉始
羅國被抉目已無憂王怒譴輔佐遷其豪族
出雪山北居荒谷間遷人逐物至此西界推
舉酋豪尊立為王當是時也東土帝子蒙譴
流徙居此東界羣下勸進又自稱王歲月已
積風教不通各因畋獵遇會荒澤更問宗緒
因而爭長忿形辭語便欲交兵或有諫曰今
何遽乎因獵決戰未盡兵鋒宜歸治兵期而
後集於是迴駕而返各歸其國校習戎馬督
勵士卒至期兵會旗鼓相望旦日合戰西主

瞿薩旦那國周四千餘里沙磧太半壤土隘
狹宜穀稼多衆果出氍毹細氈工紡績絁紬
又產白玉黳玉氣序和暢飄風飛埃俗知禮
義人性溫恭好學典藝博達伎能衆庶富樂
編户安業國尚樂音人好歌舞少服毛褐氈
裘多衣絁紬白氎儀形有禮風則有紀文字
憲章聿遵印度微改體勢粗有沿革語異諸
國崇尚佛法伽藍百有餘所僧徒五千餘人
並多習學大乘法教王甚驍武敬重佛法自
云毗沙門天之祚胤也昔者此國虛曠無人

巒重疊草木凌寒春秋一貫谿澗浚瀨飛流四注崖龕石室棊布巖林印度果人多運神通輕舉遠遊棲止於此諸阿羅漢寂滅者衆以故多有窣堵波也今猶現有三阿羅漢居巖穴中入滅心定形若羸人鬚髮恒長故諸沙門時往爲剃而此國中大乘經典部數尤多佛法至處莫斯爲盛也十萬頌爲部者凡有十數自茲已降其流實廣從此而東踰嶺越谷行八百餘里至瞿薩旦那國此言地乳即其俗之雅言也俗語謂之渙那國凶奴謂之于遁諸明謂之豁旦印度謂之[illegible]音曰于闐[illegible]

訖一切有部不究其理多諷其文故誦通三藏及毗婆沙者多矣從此東南行五百餘里濟徙多河踰大沙嶺至斫句迦國舊曰沮渠斫句迦國周千餘里國大都城周十餘里堅峻險固編戶殷盛山阜連屬礫石彌漫臨帶两河頗以耕植蒲萄梨柰其果實繁時風寒人躁暴俗唯詭詐公行劫盜文字同瞿薩旦那國言語有異禮義輕薄學藝淺近淳信三寶好樂福利伽藍數十毀壞已多僧徒百餘人習學大乘教國南境有大山崖嶺嵯峨峯

虚空現神變化火焚身遺骸墜地王收其骨起窣堵波從此北行山磧曠野五百餘里至佉沙國舊謂疏勒者乃稱其城號也正音宜云室利訖栗多底疏勒之言猶訛也

佉沙國周五千餘里多沙磧少壤土稼穡殷盛華果繁茂出細氈毼工織細氈氍毹氣候和暢風雨順序人性獷暴俗多詭詐禮義輕薄學藝庸淺其俗生子押頭匾㔸容貌麤鄙文身綠睛而其文字取則印度雖有刪訛頗存體勢語言辭調異於諸國淳信佛法勤營福利伽藍數百所僧徒萬餘人習學小乘教

先有期限或言聞揵椎聲或云待日光照有
茲警察便從定起若無警察寂然不動定力
持身遂無壞滅段食之體出定便謝宜以酥
油灌注令得滋潤然後鼓擊警悟定心王曰
俞乎乃擊揵椎其聲纔振而此羅漢豁然高
視久之乃曰爾輩何人形容卑劣被服袈裟
對曰我苾芻也曰然我師迦葉波如來今何
所在對曰入大涅槃其來已久聞而閉目悵
若有懷尋重問曰釋迦如來出興世耶對曰
誕靈導世已從寂滅聞復俯首久之乃起昇

千人習學小乘教説一切有部自數百年王
族絶嗣無別君長役屬揭盤陀國城西二百
餘里至大山山氣巃嵸觸石興雲崖隒崢嶸
將崩未墜其巔窣堵波鬱然奇制也聞諸土
俗曰數百年前山崖崩圮中有苾芻瞑目而
坐軀量偉大形容枯槁鬚髮下垂被肩蒙面
有畋獵者見已白王王躬觀禮都人士子不
召而至焚香散華競修供養王曰斯何人哉
若此偉也有苾芻對曰此鬚髮垂長而被服
袈裟乃入滅心定阿羅漢也夫入滅心定者

國羯盤陀國。鬻户邊城以賑往來。故今行人商侶咸蒙周給。從此東下葱嶺東岡登危嶺越洞谷谿徑險阻風雪相繼行八百餘里出葱嶺至烏鎩國。

烏鎩國

烏鎩國周千餘里。國大都城周十餘里。南臨徙多河。地土沃壤稼穡殷盛。林樹鬱茂花果具繁。多出雜玉。則有白玉、黳玉、青玉。氣序和風雨順。節俗寡禮義。人性剛獷多詭詐。少廉耻。文字語言少同佉沙國。容貌醜弊。衣服皮毼。然能崇信敬奉佛法。伽藍十餘所。僧徒減

大崖東北踰嶺履險行二百餘里至奔（通切）
穰舍羅（此言福舍）葱嶺東岡四山之中地方百餘
頃正中墊下冬夏積雪風寒飄勁疇壠潟鹵
稼穡不滋既無林樹唯有細草時雖暑熱而
多風雪人徒纔入雲霧已興商侶往來苦斯
艱險聞諸耆舊曰昔有賈客其徒萬餘橐駝
數千齎貨逐利遭風遇雪人畜俱喪時朅盤
陀國有大羅漢遙觀見之愍其危厄欲運神
通拯斯淪溺適來至此商人已喪於是收諸
〔珍〕寶〔集〕其所有〔構〕立館舍儲積資財買地隣

五印度國咸見推高其所製論凡數十部並盛宣行莫不翫習即經部本師也當此之時東有馬鳴南有提婆西有龍猛北有童受號爲四日照世故此國王聞尊者盛德興兵動衆伐呾叉始羅國脅而得之建此伽藍式昭瞻仰

城東南行三百餘里至大石崖有二石室各一羅漢於中入滅盡定端然而坐難以動搖形若羸人膚骸不朽已經七百餘歲其鬚髮恒長故衆僧年別爲剃髮易衣

置香華子孫奕世以迄于今以其先祖之世
母則漢土之人父乃日天之種故其自稱漢
日天種然其王族貌同中國首飾方冠身衣
胡服後嗣陵夷見迫强國無憂王命世即其
宮中建窣堵波其王於後遷居宮東北隅以
孰十 十二
其故宮爲尊者童受論師建僧伽藍臺閣高
廣佛像威嚴尊者呾叉始羅國人也幼而穎
悟早離俗塵遊心典籍棲神玄旨日誦三萬
二千言兼書三萬二千字故能學冠時彥名
高當世立正法摧邪見高論清舉無難不酬

神會耳每日正中有一丈夫從日輪中乘馬
會此使臣曰若然者何以雪罪歸必見誅留
亦來討進退若是何所宜行僉曰斯事不細
誰就深誅待罪境外且推旦夕於是即石峯
上築宮起館周三百餘步環宮築城立女爲
主建宮垂憲至期産男容貌妍麗母攝政事
子稱尊號飛行虚空控馭風雲威德遐被聲
教遠洽隣域異國莫不稱臣其王壽終葬在
此城東南百餘里大山巖石室中其屍乾腊
今猶不壞狀羸瘠人儼然如睡時易衣服恒

已來多歷年數其自稱云是至那提婆瞿呾羅（此言漢日天種）此國之先葱嶺中荒川也昔波利斯國王娶婦漢土迎歸至此時屬兵亂東西路絶遊以王女置於孤峯峯極危峻梯崖而上下設周衛警晝巡夜時經三月寇賊方靜欲趍歸路女已有娠使臣惶懼謂徒屬曰王命迎婦屬斯寇亂野次荒川朝不謀夕吾王德感妖氣已靜今將歸國王婦有娠顧此爲憂不知死地宜推首惡或以後誅訊問諠譁究其實時彼侍兒謂使臣曰勿相尤也乃

色如火自此川中東南路無人里登山履險
唯多冰雪行五百餘里至朅盤陀國
朅盤陀國周二千餘里國大都城基大石嶺
背徙多河周二十餘里山嶺連屬川原隘狹
穀稼儉少菽麥豐多林樹稀華果少原隰丘
墟城邑空曠俗無禮義人寡學藝性既獷暴
力亦驍勇容貌醜弊衣服氈毼文字語言大
同佉沙國然知淳信敬崇佛法伽藍十餘所
僧徒五百餘人習學小乘教說一切有部今
王淳質敬重三寶儀容閑雅篤志好學建國

波謎羅川中有大龍池東西三百餘里南北五十餘里據大葱嶺內當贍部洲中其地最高也水乃澄清皎鏡莫測其深色帶青黑味甚甘美潛居則蛟螭魚龍黿鼉鼈浮遊乃鴛鴦鴻鴈駕鵞鷫鴇諸鳥大卵遺㲉荒野或草澤閒或沙渚上池西派一大流西至達摩悉鐵帝國東界與縛芻河合而西流故此已右水皆西流池東派一大流東北至佉沙國西界與徙多河合而東流故此已左水皆東流波謎羅川南越山有鉢露羅國多金銀

入平吉往來若不祈禱風雹奮發氣序寒風
俗急人性淳質俗無禮義智謀寡狹技能淺
薄文字同覩貨邏國語言別異多衣氈毼其
王釋種也崇重佛法國人從化莫不淳信伽
藍二所僧徒寡少

國境東北踰山越谷經危履險行七百餘里
至波謎羅川東西千餘里南北百餘里狹隘
之處不踰十里據兩雪山間故寒風淒勁春
夏飛雪晝夜飄風地鹹鹵多礫石播植不滋
草木稀少遂致空荒絕無人止

尸棄尼國周二千餘里國大都城周五六里山川連屬沙石遍野多菽麥少穀稼林樹稀踈華果寡少氣序寒烈風俗獷勇忍於殺戮務於盜竊不知禮義不識善惡迷未來禍福懼現世災殃形貌鄙陋皮褐爲服文字同覩貨邏國語言有異越達摩悉鐵帝國大山之

南至商彌國

商彌國周二千五六百里山川相間堆阜高下穀稼備植菽麥彌豐多蒲萄出雌黃鑿崖析石然後得之山神暴惡屢爲災害祀祭後

流轉我子嬰疾問其去留神而妄言當必痊差先承指告果無虚説斯則其法可奉唯垂哀愍導此迷徒遂請沙門揆度伽藍依其規矩而便建立自爾之後佛教方隆故伽藍中精舍爲羅漢建也伽藍大精舍中有石佛像像上懸金銅圓蓋衆寶莊嚴人有旋繞蓋亦隨轉人止蓋止莫測靈鑒聞諸耆舊曰或云聖人願力所持或謂機關祕術所致觀其堂宇石壁堅峻考厥衆議莫知實録踰此國大山北至尸棄尼國

可起愛子難濟王曰天神詳其不死沙門言
其當終詭俗之人言何可信遲至宮中愛子
已死匿不發喪更問神主猶曰不死疹疾當
瘳王便發怒縛神主而數曰汝曹羣居長惡
妄行威福我子已死尚云當瘳此而謬惑孰

墊

八

不可忍宜戮神主殄滅靈廟於是殺神主除
神像投縛芻河迴駕而還又遇沙門見而敬
悅稽首謝曰曩無明導佇足邪途澆弊雖久
沿革在茲願能垂顧降臨居室沙門受請隨
至中宮葬子既已謂沙門曰人世糺紛生死

至中宮[illegible]于[illegible]配[illegible]門曰入井[illegible]食[illegible]元

仍辛在[illegible][illegible][illegible][illegible]亭[illegible][illegible]室[illegible]門[illegible]人[illegible]

[illegible][illegible]語[illegible]曰[illegible]果明[illegible]今又[illegible][illegible][illegible]難人

神[illegible]又[illegible][illegible]河回[illegible]合[illegible]又[illegible][illegible]門見占[illegible]

不可[illegible]宜[illegible]神主[illegible][illegible][illegible][illegible]大[illegible][illegible]神主[illegible]

宜[illegible]有[illegible]有[illegible]巳[illegible][illegible]占[illegible][illegible]占[illegible][illegible]

[illegible]主便[illegible][illegible][illegible]神主[illegible]曰[illegible][illegible][illegible][illegible][illegible]

巳元[illegible]不[illegible][illegible]見[illegible]神主[illegible]曰[illegible][illegible][illegible][illegible]宮

其[illegible][illegible][illegible]之人言[illegible]可[illegible][illegible][illegible]中[illegible]乎

可[illegible][illegible]子[illegible][illegible][illegible]曰天神[illegible][illegible][illegible][illegible]門[illegible]

尸棄尼國昏馱多城國之都也中有伽藍此
國先王之所建立疏崖奠谷式建堂宇此國
之先未被佛教但事邪神數百年前肇弘法
化初此國王愛子嬰疾徒究醫術有加無瘳
王乃躬往天祠禮請求救時彼祠主爲神下
語必當痊復良無他慮王聞喜慰迴駕而歸
路逢沙門容止可觀駭其形服問所從至此
沙門者已證聖果欲弘佛法故此儀形而報
王曰我如來弟子所謂苾芻也王既憂心即
先問曰我子嬰疾生死未分沙門曰□先靈

之伽藍既少僧徒亦寡其王淳質敬崇三寶從此東北登山入谷途路艱險行五百餘里至達摩悉鐵帝國亦名鎮侃又謂護蜜

達摩悉鐵帝國在兩山間覩貨邏國故地也東西千五六百餘里南北廣四五里狹則不踰一里臨縛芻河盤紆曲折堆阜高下沙石流漫寒風淒烈雖植麥豆少樹林乏華果多出善馬馬形雖小而耐馳涉俗無禮義人性獷暴形貌鄙陋衣服氈褐眼多碧綠異於諸國伽藍十餘所僧徒寡少

里至淫薄健國

淫薄健國覩貨邏國故地也周千餘里國大都城周十餘里山嶺連屬川田隘狹土地所産氣序所宜人性之差同鉢鐸創那但言語少異王性苛暴不明善惡從此東南踰嶺越谷峽路危險行三百餘里至屈浪拏國

屈浪拏國覩貨邏國故地也周二千餘里土地山川氣序時候同淫薄健國俗無法則人性鄙暴多不營福少信佛法其貌醜弊多服氈毼有山巖中多出金精琢析其石然後得

嶺之西多見臣伏境隣突厥遂染其俗又見侵掠自守其境故此國人流離異域數十堅城各别立主穹廬毛帳遷徙往來西接訖栗瑟摩國東行二百餘里至鉢鐸創那國

鉢鐸創那國覩貨邏國故地也周二千餘里國大都城據山崖上周六七里山川邐迤沙石彌漫土宜菽麥多蒲萄胡桃梨柰等果氣序寒烈人性剛猛俗無禮法不知學藝其貌鄙陋多衣氈毼伽藍三四所僧徒寡少王性淳質深信三寳從此東南山谷中行二百餘

北三百餘里國大都城周二十餘里土宜風
俗大同訖栗瑟摩國從訖栗瑟摩國東踰山
越川行三百餘里至呬摩呾羅國
呬摩呾羅國覩貨邏國故地也周三千餘里
山川邐迤土地沃壤宜穀稼多宿麥百卉滋
茂衆果具繁氣序寒烈人性暴急不識罪福
形貌鄙陋舉措威儀衣氈皮褐頗同突厥其
婦人首冠木角高三尺餘前有兩岐表夫父
母上岐表父下岐表母隨先喪亡除去一岐
舅姑俱歿角冠全棄其先强國王釋種也葱

俗大同活國東至曷邏胡國

曷邏胡國覩貨邏國故地也北臨縛芻河周二百餘里國大都城周十四五里土宜風俗大同活國從曹健國東踰峻嶺越洞谷歷數川城行三百餘里至訖栗瑟摩國

執十 五

訖栗瑟摩國覩貨邏國故地也東西千餘里南北三百餘里國大都城周十五六里土宜風俗大同曹健國但其人性暴惡有異東北至鉢利曷國

鉢利曷國覩貨邏國故地也東西百餘里南

據贍部洲中南接大雪山北至熱海千泉西
至活國東至烏鐵國東西南北各數千里崖
嶺數百重幽谷險峻恒積冰雪寒風勁烈多
出葱故謂葱嶺又以山崖葱翠遂以名焉東
行百餘里至曹健國

曹健國覩貨邏國故地也周四百餘里國大
都城周十五六里土宜風俗大同活國無大
君長役屬突厥北至阿利尼國

阿利尼國覩貨邏國故地也帶縛芻河兩岸
周三百餘里國大都城周十四五里土宜風

周三百餘里國大都城周十四五里土宜風
同[illegible]况國[illegible][illegible]國然地少[illegible][illegible][illegible][illegible][illegible]
[illegible][illegible]人[illegible]勇[illegible][illegible]性[illegible]至[illegible][illegible][illegible]國
林藪周十五六里土宜風俗大同[illegible]國異人
[illegible]國[illegible][illegible][illegible]國[illegible]地[illegible]周四百餘里國大
行百餘里至[illegible]國
出[illegible][illegible][illegible][illegible]又入山[illegible][illegible][illegible]千[illegible]入谷[illegible]入
[illegible]數百里[illegible]曲[illegible]行[illegible]西[illegible]木[illegible]大風[illegible][illegible][illegible]
至[illegible]國東[illegible]邑[illegible]國東西[illegible]北[illegible]十里[illegible]
[illegible][illegible][illegible]中[illegible][illegible]大[illegible]山[illegible][illegible][illegible][illegible]十[illegible]西

川狹風雨且寒穀稼豐華果盛人性獷暴俗
無法度伽藍三所僧徒尠少從自西北踰山
越谷度諸城邑行三百餘里至活國
活國覩貨邏國故地也周三千餘里國大都
城周二十餘里無別君長役屬突厥土地平
坦穀稼時播草木榮茂華果具繁氣序和暢
風俗淳質人性躁烈衣服氈毼多信三寶少
事諸神伽藍十餘所僧徒數百人大小二乘
兼功綜習其王突厥也管鐵門已南諸小國
遷徙鳥居不常其邑從此東入葱嶺葱嶺者

安呾羅縛國覩貨邏國故地也周三千餘里國大都城周十四五里無大君長役屬突厥山阜連屬川田隘狹氣序寒烈風雪淒勁豐稼穡宜華果人性獷暴俗無綱紀不知罪福不尚習學唯修神祠少信佛法伽藍三所僧徒數十然皆遵習大衆部法有一窣堵波無憂王建也從此西北入谷踰嶺度諸小城行四百餘里至闊悉多國

闊悉多國覩貨邏國故地也周三千餘里國大都城周十餘里無大君長役屬突厥山多

不尚習學唯修神祠少信佛法名藍三所僧
稼穡宜華果人性獷暴俗無綱紀不知罪福
山阜連屬川田隘狹氣序寒烈風雪淒勁豐
國大都城周十四五里無大君長役屬突厥
東曰羅樂國舊作邏國故地也周三千餘里

流派國人利之以溉田也氣序寒烈霜雪繁
多人性輕躁情多詭詐好學藝多技術聰而
不明日誦數萬言文字言詞異於諸國多飾
虛談少成事實雖祀百神敬崇三寶伽藍數
百所僧徒萬餘人並皆學大乘法教今王淳

信累葉承統務興勝福敏而好學無憂王所
建窣堵波十餘所天祠數十異道雜居計多
外道其徒極盛宗事稱那天其天神昔自迦
畢試國阿路猱山徙居北國南界稱那呬羅
山中作威作福為暴為惡信求者遂願輕懱

者招殃故遠近宗仰上下祇懼隣國異俗君臣僚庶每歲嘉辰不期而會或齎金銀奇寶或以羊馬馴畜競興貢奉俱申誠素所以金銀布地羊馬滿谷無敢覬覦唯修施奉宗事外道克心苦行天神授其呪術外道遵行多効治療疾病頗蒙痊愈從此北行五百餘里至弗栗恃薩儻那國

弗栗恃薩儻那國東西二千餘里南北千餘里國大都城號護苾那周二十餘里土宜風俗同漕矩吒國語言有異氣序寒勁人性獷

烈王突厥種也深信三寶尚學遵德從此國東北踰山涉川越迦畢試國邊城小邑凡數十所至大雪山婆羅犀那大嶺嶺極崇峻危隥攲傾蹊徑槃迂巖岫迴互或入深谷或上高崖盛夏合凍鑿氷而度行經三日方至嶺上寒風淒烈積雪彌谷行旅經涉莫能佇足飛隼翱翔不能越度足趾步履然後飜飛下望諸山若觀培塿贍部洲中斯嶺特高其嶺無樹唯多石峯攢立叢倚森然若林又三日行方得下嶺至安呾羅縛國

圖書在版編目 (CIP) 數據

大唐西域記 / 玄奘著. —北京：社會科學文獻出版社，2015.6

ISBN 978-7-5097-7547-9

Ⅰ. ①大… Ⅱ. ①玄… Ⅲ. ①西域－歷史地理－唐代
Ⅳ. ① K928.6 ② K935.06

中國版本圖書館 CIP 數據核字 (2015) 第 098090 號

大唐西域記（全十册）

著　　者 / 玄　奘

出 版 人 / 謝壽光
項目統籌 / 鄧啓揚
責任編輯 / 周志寬

出　　版 / 社會科學文獻出版社・綫裝分社（010）59367215
地址：北京市北三環中路甲 29 號院華龍大厦　郵編：100029
網址：www.ssap.com.cn
發　　行 / 市場營銷中心（010）59367081　59367090
讀者服務中心（010）59367028
印　　裝 / 揚州古籍綫裝文化有限公司

規　　格 / 幅面尺寸：125mm×380mm
印張：82　　幅數：1310 幅
版　　次 / 2015 年 6 月第 1 版　2015 年 6 月第 1 次印刷
書　　號 / ISBN 978-7-5097-7547-9
定　　價 / 5000.00 圓（全十册）

也

鶩七遇切馳騁也　攄抽居切舒也　嫣居焉切水名　膴七古切

讜多朗切　园五丸切與刓同　黷徒谷切慁也　纂子管切集也　夐翾正切遠也